EXPOSITIONS

INDUSTRIELLE, ARTISTIQUE & FLORALE

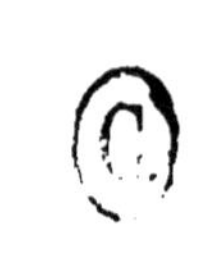

LIVRET

DES EXPOSITIONS

INDUSTRIELLE, ARTISTIQUE

ET FLORALE.

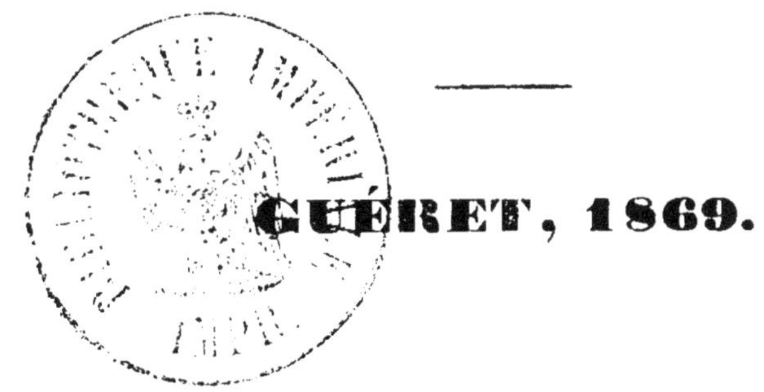

GUÉRET, 1869.

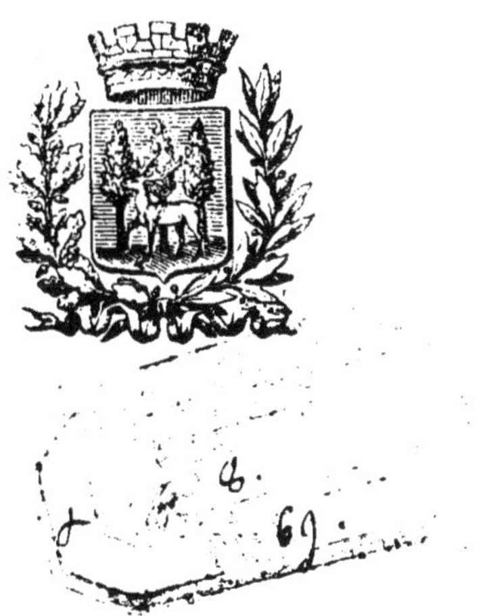

GUÉRET,

IMPR. DUGENEST, RUE DU MARCHÉ, 3.

CONCOURS RÉGIONAL AGRICOLE.

Le Concours régional agricole qui se tiendra à Guéret, du 19 au 27 juin prochain, comprend :

1° Un concours d'animaux reproducteurs ;

2° Un Concours de machines et d'instruments agricoles ;

3° Un Concours de produits agricoles et matières utiles à l'Agriculture.

Par arrêté préfectoral en date du 22 avril 1869, conjointement avec le Concours régional, auront lieu :

1° Une Exposition de produits industriels et manufacturés ;

2° Une Exposition des Beaux-Arts (peinture, sculpture, objets d'art, curiosités, etc.) ;

3° Une Exposition florale.

PRODUITS DE L'INDUSTRIE.

Cette Exposition comprend les produits des diverses industries, les houilles et produits métallurgiques ; les arts céramiques ; les divers matériaux de construction ; les tissus, tapis, objets d'ameublement et de décoration ; la carrosserie et les confections diverses.

Beaux-Arts.

Seront reçus à cette Exposition : les ouvrages d'art, de peinture, de sculpture, d'architecture et objets de curiosité ; les tableaux anciens et modernes, les gravures, dessins et lithographies ; les antiquités, médailles, manuscrits ; les meubles anciens, curiosités, ivoires, émaux, etc.

Exposition florale.

Cette Exposition comprendra l'horticulture florale.

Dispositions générales

Pour être admis à ces diverses Expositions, on doit adresser à M. le Préfet du département de la Creuse, par lettre affranchie, avant le 1er juin, une déclaration spécifiant :

1° Les noms, prénoms, profession, domicile ou résidence des exposants ;

2° La nature, les dimensions, le nombre et le poids approximatif des objets que l'on voudra exposer ;

3° L'espace nécessaire en superficie et en hauteur ;

4° Tous autres renseignements propres à éclairer les commissions.

Les expositions qui auront lieu en même temps que le concours régional, conformément à l'arrêté préfectoral en date du 22 avril 1869, ne sont ouvertes qu'à des produits du département de la Creuse ou à des objets qui appartiennent à des personnes qui y résident.

Les produits destinés aux Expositions devront être adressés à M. le Maire de Guéret, du 1er au 10 juin prochain.

Guéret, le 22 avril 1869.

Le Préfet de la Creuse,

ALdre LE PEINTRE.

ARRÊTÉ.

Nous, Préfet de la Creuse, Officier de la Légion d'Honneur,

Vu la décision de S. Exc. M. le Ministre de l'agriculture, du commerce et des travaux publics, par laquelle la ville de Guéret a été désignée pour être le siége du Concours régional de 1869 ;

Considérant qu'il importe de donner à ce Concours tout l'intérêt qu'il est susceptible d'acquérir, en groupant autour de lui les divers éléments industriels et artistiques que possède le département :

ARRÊTONS :

Art. 1er. — Il y aura dans le département de la Creuse, en 1869, à Guéret, du 19 au 27 juin, à l'occasion du Concours régional agricole, les expositions suivantes :

1° Une exposition des produits industriels et manufacturés ;

2° Une exposition des beaux-arts (peinture, sculpture, objets d'art et curiosités) ;

3° Une exposition florale.

Ces diverses expositions se composeront exclusivement d'objets ou de produits du département.

Art. 2. — L'exposition industrielle comprendra les produits des diverses industries, les houilles et produits métallurgiques ; les arts céramiques, les divers matériaux de construction ; les tissus, tapis, objets d'ameublement et de décoration ; la carrosserie et les confections diverses.

Art. 3. — L'exposition des beaux-arts comprendra les ouvrages d'art, de peinture, de sculpture, d'architecture, objets de curiosité tels que les tableaux anciens et modernes, les gravures, dessins et lithographies, les antiquités, médailles, manuscrits, chartes et autographes, livres curieux, porcelaines et faïences, émaux, miniatures, meubles anciens, curiosités et objets divers.

Art. 4. — La troisième exposition comprendra l'horticulture florale.

Art. 5. — Des médailles seront affectées aux trois expositions.

Art. 6. — des commissions qui seront nommées par nous pour chaque exposition, recevront et admettront les objets envoyés par les exposants et veilleront à leur placement convenable et à leur conservation.

Art. 7. — Les artistes, fabricants et toutes personnes qui seront dans l'intention de participer à l'exposition, devront adresser, avant le 1er juin, à M. le Préfet de la Creuse, par lettre affranchie, une déclaration spécifiant : 1° les noms, prénoms, profession et domicile ou résidence des exposants ; 2° la nature, les dimensions, le nombre et le poids approximatif des objets qu'ils désirent exposer ; 3° l'espace nécessaire en superficie et en hauteur ; 4° tous autres renseignements propres à éclairer les commissions.

Art. 8. — Les objets destinés aux expositions devront être adressés à M. le Maire de Guéret, avant le 10 juin ; ils seront reçus à partir du 1er du même mois.

Les objets exposés seront inscrits à leur date de réception sur un registre spécial, avec un numéro d'ordre.

Il en sera donné réécpissé à l'exposant.

L'expéditeur devra les faire reconnaître, à leur arrivée, par un correspondant chargé d'en soigner la réception. Après la clôture de l'exposition, le renvoi sera fait de la même manière.

Les lieux, jours, heures et conditions de publicité des Expositions seront ultérieurement fixés par l'autorité conjointement avec les Commissions.

Fait et arrêté à Guéret, le 22 avril 1869.

Le Préfet de la Creuse,

ALdre LE PEINTRE.

ARRÊTE.

Nous, Préfet du département de la Creuse, Officier de la Légion d'Honneur,

Vu notre arrêté, en date du 22 de ce mois, portant organisation d'expositions industrielle, artistique et florale à l'occasion du concours régional qui se tiendra à Guéret en 1869.

Arrêtons :

Art. 1. — Trois commissions sont instituées à l'effet de préparer, d'installer, de surveiller les diverses expositions ainsi que de proposer les candidats aux récompenses promises par le programme :

La première, pour les produits industriels;

La seconde, pour l'exposition des beaux-arts;

La troisième, pour l'exposition florale.

Art. 2. — Sont nommés membres de ces commissions :

MM. Le Maire de Guéret, *Président.*

Vice-Présidents.

MM. Delille, membre du Conseil général.
De Cessac, président de la société des sciences naturelles et archéologiques de la Creuse.

1re commission. — exposition de l'industrie.

MM.

Adenis, agent-voyer en chef, à Guéret;

Besge, fabricant de drap et maire à Chamborand;

Borgeais, chef de section au chemin de fer, à Guéret ;

Castel Albert, fabricant de tapis, à Aubusson ;

Chauvelin père, propriétaire à Guéret ;

Delâge, fabricant de papiers à Bourganeuf ;

Florand, pharmacien, membre de la société des sciences naturelles et archéologiques de la Creuse à Guéret ;

Jourdan, ingénieur civil, garde mines à Guéret ;

Lacrocq, peintre en bâtiments à Guéret ;

Masbrenier, architecte du département à Guéret ;

Montaudon, maire de la Souterraine ;

Peyrathon, tanneur à Aubusson ;

Trapet, fabricant de tapis à Felletin ;

2e COMMISSION. — EXPOSITION DES BEAUX-ARTS.

MM.

Aubry, capitaine commandant le dépôt de recrutement à Guéret ;

Bonnafoux, bibliothécaire à Guéret ;

Bouchardon (Emmanuel), avocat et juge suppléant, à Guéret ;

Bourotte, sous-inspecteur des forêts à Guéret ;

Chaussat, docteur en médecine à Lavaveix-les-Mines ;

Des Cheizes fils, avocat à Guéret ;

Desfosses-Lagravière, membre du Conseil général, maire de Boussac ;

Desjardins, artiste peintre à Guéret ;

Dugenest fils, docteur en médecine, membre de la société des sciences naturelles et archéologiques de la Creuse à Guéret ;

Fillioux aîné, membre de la société des sciences naturelles et archéologiques de la Creuse à Guéret ;

Gautier, homme de lettres à Guéret ;

Marchesson, vicaire à Guéret ;

Monnet, propriétaire, membre de la société des sciences naturelles et archéologiques de la Creuse à Guéret.

Vincent, docteur en médecine, membre de la société des sciences naturelles et archéologiques de la Creuse à Guéret ;

3e COMMISSION. — EXPOSITION FLORALE.

MM.

Bernard Alexandre, juge au tribunal civil de Guéret ;

Dugenest père, propriétaire à Guéret ;

Gallard père, propriétaire à Guéret ;

Goffinet, capitaine du génie en retraite à Guéret ;

Polier, adjoint au maire à Guéret ;

Art. 3. — La présidence d'honneur de toutes les commissions est réservée au Préfet.

Guéret, le 22 avril 1869.

Le Préfet de la Creuse

ALdre LE PEINTRE.

CIRCULAIRE.

La commission départementale de l'Exposition à MM. les Industriels, Artistes, Archéologues et Horticulteurs fleuristes de la Creuse.

MESSIEURS,

A l'exemple de ce qui a eu lieu en 1862, pendant la durée du concours régional agricole, la ville de Guéret et le département de la Creuse auront une exposition industrielle, artistique et florale à côté de celle des produits agricoles de la région.

Cette exhibition comprendra ;

Dans la section de l'Industrie :

1° Les houilles et autres minerais qui peuvent être utilement exploités; les matériaux de construction, tels que le granit, le porphyre, le quartz, le mica, les argiles, la silice et, en général, toutes les matières premières que renferme le sol et qui sont susceptibles d'être transformées par l'industrie;

2° Les arts céramiques dont les éléments variés et nombreux se trouvent avec abondance dans plusieurs localités;

3° Les tissus et les tapis qui ont fait connaître Aubusson dans toutes les parties du monde civilisé;

4° Les objets de toute nature destinés à l'ameublement et à la décoration des édifices et des habitations particulières;

5° La carrosserie, le charronnage et les confections diverses.

Dans la section des beaux-arts :

1° Tous les objets de peinture, sculpture, architecture offrant un intérêt, soit au point de vue utilitaire, soit comme curiosité artistique ou naturelle;

2° Les tableaux, gravures et dessins, tant anciens que modernes, ayant une valeur artistique;

3° Les antiquités de toutes sortes, médailles, manuscrits, chartes, autographes et livres ; les marbres, porcelaines, faïences, émaux, meubles anciens, curiosités et objets divers.

Dans la section de l'horticulture florale :

Tous les produits que comporte la nature et le climat de la Creuse, soit qu'ils proviennent spontanément du sol, soit qu'ils résultent des procédés enseignés par la science et l'art des nouvelles cultures.

Conformément aux dispositions prescrites par l'arrêté préfectoral du 22 avril, les personnes qui voudront être admises à ces diverses expositions devront adresser à M. le Préfet, avant le 1er juin, une déclaration spécifiant :

1° Les noms, prénoms, profession, domicile ou résidence des exposants;

2° La nature, le nombre, les dimensions et le poids approximatif des objets à exposer;

3° L'espace qu'ils devront occuper en superficie et en hauteur;

4° Tous les renseignements propres à éclairer la commission.

Les objets destinés aux expositions devront être adressés à M. le Maire de Guéret avant le 10 juin; ils seront reçus à partir du 1er du même mois; ils seront inscrits, à la date de leur réception, sur un registre spécial avec un numéro d'ordre.

Il en sera donné récépissé à l'exposant.

L'expéditeur devra les faire reconnaître, à leur arrivée, par un correspondant chargé d'en soigner la réception.

Après la clôture de l'exposition, qui aura lieu le 28 juin, le renvoi sera opéré de la même manière.

Pour faciliter le transport des objets destinés à l'exposition, une réduction de prix a été obtenue en leur faveur, par M. le Maire de Guéret, de la Compagnie du cheminde fer d'Orléans. Cette réduction de prix s'appliquera à l'aller et au retour des objets transportés.

Des médailles d'or, d'argent et de bronze seront affectées à ces trois expositions.

Le programme de ces récompenses sera imprimé à la suite du catalogue des objetsexposés et livré à la publicité par les soins de la commission et aux frais de la ville de Guéret.

Nous réclamons de MM. les industriels, artistes et amateurs des beaux-arts leur concours actif et bienveillant pour enrichir, autant que possible, notre triple exposition ; car il importe à l'intérêt du pays de frapper l'attention des visiteurs étrangers en leur montrant réunis les éléments industriels et artistiques qui se trouvent disséminés dans la Creuse.

Le Président,

Louis CUSINET, **Avocat, Maire de Guéret.**

Les Vice-Présidents,

JARRIT-DELILLE, **Vice-président du tribunal, Membre du Conseil général.**

P. DE CESSAC, **Président de la Société archéologique de la Creuse.**

Les Secrétaires,

SECTION DE L'INDUSTRIE.

ADENIS, **Agent-Voyer en chef.**

MASBRENIER, **Architecte du département.**

SECTION DES BEAUX-ARTS.

BOUCHARDON, **Avocat.**

BARET-DESCHEISES, **Avocat.**

SECTION DES FLEURS

GOFFINET, **Capitaine du Génie en retraite.**

EXPOSITION INDUSTRIELLE.

(AU PALAIS DE JUSTICE.)

SALLE N° 1.

SUBSTANCES MINÉRALES.

HOUILLÈRES DE LAVAVEIX-LES-MINES.

Compagnie anonyme.

Directeur à Paris : M. E.-Jacques Palotte.

Ingénieur-directeur des houillères: M. Francis Robert.

M. Benoît, ingénieur divisionnaire.

1. Six blocs de houilles, — le plus gros d'un volume de 2 mèt. cubes, pèse 2,700 kilog.
2. Briquettes de menus agglomérés.
3. Empreintes fossiles du bassin houiller.
4. Plans et coupes des travaux souterrains.

BOSMOREAU (Creuse).

M. Pouyat, propriétaire des houillères.

5. Charbons anthraciteux, charbons menus.
6. Empreintes fossiles.

SOCIÉTÉ DE CARBONISATION DE LA CREUSE.

M. Barthe, directeur.

7. Cokes métallurgiques.
8. Briques réfractaires, tuiles, carreaux.

MINES D'ÉTAIN DE MONTEBRAS (Creuse),

près Soumans.

M. le baron Ch. Poisson, président du conseil d'administration de la société, à Paris.

M. Moissenet, ingénieur au corps des mines, professeur à l'école des mines de Paris, ingénieur-directeur, conseil de la compagnie.

M. Morineau, ingénieur des travaux.

9. Minerais d'étain oxidé massifs, minerais d'étain préparés, minéraux divers

10. Matériaux de construction, matières premières pour les arts céramiques, tourbe et vieux bois trouvés dans les anciens travaux, outillage.

11. Plans et coupes des travaux. Rapports.

SOCIÉTÉ DES SCIENCES NATURELLES ET ARCHÉOLOGIQUES DE LA CREUSE A GUÉRET.

12. Minerai de fer oxidé, de Clugnat.

13. Plomb sulfuré argentifère de Mornat, près Ahun.

Antimoine sulfuré.

14. Sulfate de chaux; Plâtre moulé de Gouzon.

M. P. de Cessac, président de la société des sciences naturelles et archéologiques de la Creuse.

15. Carte géologique du département de la Creuse.

M. Jules Montagne, à Chanon (Creuse).

16. Collection de briques, tuiles à doubles crochets et bitumés, tuyaux, carreaux blancs et objets ouvragés.

M. GROSSET, de Fursac, fabricant à Paris.

17. Tuyaux ferrugineux pour cheminées.

M. GIRAULT (Pierre). de la Borne, près Henrichemont (Cher).

18. Tuyaux et poteries en terre cuite.

M. PARROT, carrossier à Guéret.

19. Voiture dog-cart.

M. GIRAUD, carrossier, à la Souterraine.

20. Voiture de chasse à deux roues.

M. AUCHATRAIRE, carrossier à Guéret.

21. Une voiture demi-fortune.

22. Un dog-cart.

23. Une américaine.

24. Harnais de voitures.

M. COLLARD, mécanicien à la Souterraine.

25. Un vélocipède.

M. GOUBAUD fils, bourrelier à Guéret.

26. Collier marchand, provencal, de labour, parisien, de poste, de camion.

M. SARTIN, de Châtelus-Malvaleix.

27. Pompe aspirante, appareil à cuire les légumes.

M. DOUTRE, à Ajain (Creuse).

28. Mètier à tisser.

M. ROUSSEAU-GÉNEVOIX à Guéret.

29. Bois merrains. (Chênes de la Creuse).

M. VILLAUDY, de la Souterraine.

30. Bois merrains, cercles et échalas. (Bois de la Creuse, chênes et châtaigniers).

M. Dumas (J.-B.), à Lavaveix-les-Mines (Creuse).

31. Parquets rabotés et rainés à la mécanique, en bois de chêne et de pin.

M. Fourny-Hairault à Guéret.

Semoir.

SALLE N° 2.

M. Vallet (Léon), sculpteur à Saint-Sébastien (Creuse).

32. Autel en chêne sculpté.

83. Niche en chêne sculpté.

34. Groupe en pierre calcaire.

MM. Sarciron père et fils, ébénistes et tapissiers, à Guéret.

35. Un lit garni, en palissandre, style Louis XV.

36. Un secrétaire-chiffonnier, en bois de rose.

37. Deux chauffeuses, fantaisie.

38. Une chasse en chêne sculpté.

39. Un bénitier sculpté.

40. Une glace ovale.

41. Deux corbeilles.

42. Un panier.

Mme Sarciron, corsetière à Guéret.

43. Corsets.

M. Marcadet, à Bourganeuf.

44. Une volière.

M. Macé, lampiste à Aubusson.

45. Lampes à modérateur.

46. Lampes au pétrole.

M. Périchon et Cie, à Lavaveix-les-Mines.

47. Bouteilles de divers modèles et de natures variées.

M. Sartin-Bourgeix, à Châtelus-Malvaleix.

48. Cierges et bougies de cire ; bougies de stéarine, paraphine ; deux pains de cire du pays.

M. Sartin (Elie), à Châtelus-Malvaleix.

49. Assortiment de chandelles.

M. Bouyer, docteur en médecine à Saint-Pierre-de-Fursac (Creuse).

50. Poudre de lait iodique, arseniaté, hydrargirique, etc.

Chocolats médicamenteux.

M. Charière (Aristide), à Ahun.

51. Blé conservé par l'acide carbonique depuis 1867.

M. Rougier, propriétaire au Bourg-d'Hem.

52. Vin rouge et blanc récolté au Bourg-d'Hem.

M. Comby fils, à Pompadour (Corrèze).

53. Conserves de champignons au naturel.

M. Mounier (Sébastien), confiseur-distillateur à Bourganeuf.

54. Biscuits dits de Reims.

Massepaints.

Liqueurs et fruits conservés.

Meringues.

Tuiles dites de Bourganeuf.

M. PÉLISSIER, liquoriste à Guéret.

55. Liqueurs diverses.

Pâte de blanchissage.

M. NADAUD, liquoriste à Aubusson.

56. Liqueurs diverses.

M. BERGER, fabricant de bière à Bourganeuf.

57. Bières diverses.

M. SEMBLAT, charcutier à Aubusson.

58. Conserves alimentaires.

M. VINCENT (Claude), fabricant de papiers à Saint-Etienne-de-Fursac (Creuse).

59. Papier de paille.

60. Papier d'herbe de marais.

M. PAUPHILE, fabricant de papiers à Bourganeuf.

61. Papier de paille.

M. CERBELAUD, tailleur à Guéret.

62. Une ruche à cadre.

M. Denis TIXIER, à Dun (Creuse).

63. Ruches à miel.

M. PRUDHOMME, de Versillat (Creuse).

64. Moulin pour la conservation des grains.

M. COLAS, charpentier à Bourganeuf.

65. Modèle de charpente.

M. PÉRICHON, facteur de pianos à Guéret.

66. Piano en palissandre.

67. Piano id. incrusté de cuivre.

M. CHANONAT, sculpteur à Aubusson.

68. Une corbeille en bois sculpté.

68 *bis*. Dossier de chaise, id.

M. AUGER (Philippe) à Guéret.

69. Sabots et chaussures diverses.

MM. BATHIER et AUGÉ à La Souterraine.

70. Sabots et chaussures diverses, à semelles de bois.

MM. ALASLUQUETAS et ESCORDOIS à La Souterraine.

71. Chaussures pliantes brévetées, cuirs et bois.

M. Charles COTTON fils, à la Ribière, commune de Sainte-Feyre.

72. Sabots divers.

M. LAROCHE, sabotier à Guéret.

73. Chaussures de toute espèce, à semelles en bois et en cuir.

M. COLAS aîné, bottier à Guéret.

74. Chaussures diverses.

M. MONVILLE à Guéret.

75. Bottes à l'écuyère.

75 *bis*. Bottines de santé (semelles de bois invisibles).

M. SARCIRON, coiffeur à Guéret.

76. Postiches en cheveux.

M. DUTHEIL, coiffeur à Guéret.

77. Bouquet en cheveux encadré.

Grand bouquet id.

Vase de fleurs en cheveux encadré.

Mèches de cheveux, encadrées.

Hygromètre.

Médaillon en cheveux.

M. FARNE, fabricant de chapeaux à Bourganeuf.

78. Divers échantillons de sa fabrication.

MM. CHRISTOFLE et compagnie, représentés par M. BAILLY bijoutier à Guéret.

79 Un surtout de table, (argenture suivant le procédé Ruolz) et diverses pièces d'argenture.

M. BAILLY, horloger, bijoutier à Guéret.

80. Une horloge de clocher à modèle réduit.

M. BIDRON, horloger à Chénerailles (Creuse).

81. Pendule électrique.

Pendule à ressort.

82. Machine à tailler les scies (pour bijoutiers).

M. LHEUREUX, bijoutier à Aubusson.

83. Ecrin d'objets de bijouterie.

M. CHAUVELIN père, à Guéret.

84. Serrure de sûreté, artistique, avec le chiffre de l'Empereur. Elle a un verrou de nuit et une sonnerie propre à donner l'éveil si on parvient à l'ouvrir.

M. DUMONT fils aîné, serrurier à Guéret.

85. Serrures de sûreté.

M. DOUTRE Antoine, taillandier à Pionnat (Creuse).

86. Forge à battre les dards avec son marteau.

Instrument pour l'échenillage.

M. GUILIOT, Denis, taillandier à Glény (Creuse).

86 *bis*. Enclume à battre les faulx et son marteau, Faucilles, Cognées, Serpes, Croissants et autres instruments.

M. DEMAI, mécanicien à Jarnages (Creuse).

87. Casse-sucre.

M. SARTIN, Louis, coutelier à Châtelus-Malvaleix (Creuse).

88. Divers objets de coutellerie.

M. TRÉPARDOUX, coutelier à Guéret.

89. Divers objets de coutellerie.

M. BARTHE, fabricant à Vierzon, demeurant à Lavaveix.

90. Objets céramiques artistiques.

M. PAULY, modeleur à Anzême (Creuse).

91. Sujet en terre cuite.

SOCIÉTÉ COOPÉRATIVE DE BOURGANEUF, POUR LA FARICATION DE LA PORCELAINE.

(Raison sociale : PELAUDEIX ET COMPAGNIE.

92. Porcelaines blanches cuites au bois, service de table et de dessert, articles de toilette.

Mlle A. JOURDAN, à Guéret.

93. Cocons de vers à soie élevés dans la Creuse. Bombyx et œufs des mêmes vers.

MM. BRAQUENIÉ frères, fabricants de tapis à Aubusson.

94. Grand panneau en tapisserie. (La bonne aventure, genre Vateau).

95. Panneau en tapisserie, d'après Oudry (gibiers).

96. Panneau en tapisserie, d'après Oudry (fruits).

M. CLAIRAVAUX, contre-maître et dessinateur dans la maison Braquenié, à Aubusson.

Peintures pour l'industrie :

97. Légumes.

98. Gibiers.

99. Fleurs.

MM. Duplan et Cie, fabricants de tapis à Aubusson.

100. Grand tableau en tapisserie (Chasse au loup).

101. Tableau en tapisserie (Couvée de perdrix).

M. Toty, directeur de la fabrique Duplan.

102. Tableau en tapisserie (Une muse).

M. Tricot, ouvrier tapissier de la fabrique Duplan.

103. Tableau en tapisserie (Ève).

MM. Sallandrouze frères, fabricants de tapis à Aubusson.

104. Un grand tapis turc velouté.

105. Tapis velouté à fleurs, fond vert.

106. Idem. fond blanc.

107. Idem. fond gris.

M. Trapet, tapissier à Felletin.

108 Cantonnière en tapisserie, deux montants de branches d'arbres.

Camée Pompeïa, figure style Néo-grec.

Ecusson.

Motif, nature morte, canard.

Siége de fauteuil, paysage, trophée.

109. Cartonnière à fleurs.

Trophée de vielles armes de chasse, château de Pau.

Un siége de fauteuil fleurs ornements.

110 Tapis de table ornements et fleurs

Trophée de musique.
Adresse enseigne en tapisserie.

M. LECLER fils, fabricant à Aubusson.

111 Droguets.
Draps.
Couvertures.

M. BESGE, fabricant à Chamborand (Creuse).

112. Draperie commune.
Cadis.
Péruviennes.
Flanelles.
Molletons.

M. FAYETTE, tisserand à Malleret, près Guéret.

113 Couvertures en laines du pays.
Draps en laine.
Draps en laine et coton.
Draps en toile coton.

Melle DURAND, à Felletin.

114 Dessins d'ornementation.

M. CHANONAT, à Aubusson.

115. Dessins divers pour ornementations.

M. ADENIS, agent-voyer en chef à Guéret.

116. Carte hydrographique et orographique de la Creuse.
117. Carte routière de la Creuse.

M. MABILLE, architecte paysagiste à Limoges.

118. Plans de jardins paysagers.
119. Publications horticoles.
120. Tuyaux en ciment pour conduites d'eau.

L'ÉCOLE DES FRÈRES DE L'ÉCOLE CHRÉTIENNE D'AUBUSSON.

121. Dessins industriels.

M. MILLET, photographe à Montluçon.

122. Photographies de toutes grandeurs.

EXPOSITION DES BEAUX-ARTS.

(A L'HOTEL-DE VILLE.)

SALLE N° 1.

PEINTURE.

AZÉMA.

1. Portrait (M. X...)
2. Nature morte.
3. Las poun dou crabet. (Le pont du Chevrier.) (Hautes-Pyrénées).
4. Le pic du midi. (Vue prise du fond de la place Royale, à Pau).
5. Ruines du château de Jeanne d'Albret (Basses-Pyrénées). Inachevé.
6. Cour d'une ferme des environs de Pau.
7. Rocher du bord de la mer entre Saint-Jean-de-Luz et Biarritz.
8. Fleurs des champs.

9. Tête de chien (étude).

10. Une porchère, d'après un dessin de Jacques.
A l'auteur.

BAUDOUT (E.), né à Aubusson.

11. Une muse (la mélodie). Voir à l'industrie la copie de ce tableau en tapisserie par M. Toty.

12. Parc, avec nombreux personnages du XVIIme siècle.

13. Copie du portrait de Wan-Dick, du musée du Louvre.

14. Jeune fille tressant une couronne; fond de paysage.

15. Jeune prisonnière regardant la campagne à travers sa fenêtre. (Copie).

16. Brigand calabrais, d'après Horace Vernet.
A l'auteur.

BÉNOUVILLE (Léon), 1er grand prix de Rome.

17 Portrait du général de Solliers.

BERGHEM (Nicolas). Ecole hollandaise.

18. Paysage avec figures et animaux; un pont sur une rivière.

19. Paysage. Entrée de forêt avec figures et animaux.
A M. Bernheim.

DEGEORGES, né à Clermont.

20. Grand portrait de M. Voysin de Gartempe, conseiller à la cour de cassation. Pair de France, ancien député de la Creuse. M. Louis Delille.

DESJARDINS (Louis-Léon), né à Amiens (Somme), élève d'Horace Vernet.

21. Entrée de châtaigneraie (effet du soir). A M. Vollant.

22. Souvenir de la Gartempe. A M. Vollant.

23. Mare dans la Creuse (salon de 1864). A M. Vollant.

24. Ruisseau près Guéret. A l'auteur.

25. Moutons traversant une lande (soleil couchant). A l'auteur.

26. Les bords du Thorion. A l'auteur.

27. Chaumière dans la Creuse. A l'auteur.

28. Chemin creux, près Guéret. A M. Pelletier.

FRANCK-FLORE. Ecole flamande.

29. Sainte famille, encadrée dans une guirlande de fleurs. A M. Macaire.

GREUSE.

30. Portrait d'enfant malade. (Copie). A Mlle Fayolle.

JOUVENET (Jean), né à Rouen. Ecole française.

31. Jésus au milieu des docteurs. Réduction signée de l'auteur. A Mme Largey.

LEGENTILE (Victor), né à Paris. Médaille (1855).

31 *bis*. Vue prise à Fournoux, près Pontarion.

31 *ter*. Vue prise à Pagnac (Haute-Vienne).

31 *quater*. Intérieur breton.

31 *quinter*. Village. (Environs de Guéret). A l'auteur.

LEROY. (1851).

Portrait du général de division Renauld. Au général de brigade Renauld.

LUMINAIS (EVARISTE), né à Nantes,

32. L'Epave. Enfants de pêcheurs ouvrant une malle jettée sur la grève. A Mme veuve Descheises.

MIGOUT (ALFRED), né et mort à Guéret.

33. Nature morte; légumes et poteries de grès sur un meuble. A M. Migout père.

34. Intérieur de ferme avec personnages et animaux. A Mlle Eugénie Fayolle.

35. Intérieur d'étable à vaches avec figures. A M. Migout père.

36. Nature morte; cruchon en grès, bouteilles, cruchon, chandelier et pipe sur une table.

37. Ange de l'annonciation. (Copie sur cuivre.). A M. Migout père.

38. La Vierge assise faisant pendant au précédent. (Copie sur cuivre). D'après un ancien maître de l'école française. A M. Migout père.

39. Portrait de femme, costume Louis XIV. (Copie). A M. Migout père.

40. Portrait d'homme, costume Louis XIV. (Copie). A M. Migout père.

NATTIER.

41. Portrait de Louis XV (Copie). A Mlle Eugénie Fayolle.

PARROCEL (LE VIEUX).

42. Bataille sur les bords du Danube. A M. Bernheim.

PATEL (PIERRE).

43. Paysage avec figures. A M. Dugenest.

44. Paysage avec figures. A M. Dugenest.

PÉRIGAUD. Né et mort à Bénévent-l'Abbaye.

45. Paysage. Bords d'une rivière (Copie). A M. Migout.

POTTER (PAUL). (Attribué à).

45 *bis*. Têtes de vaches. A M. Bernheim.

PROUDHON. (Attribué à).

46. Portrait du général de division Michaud. A M. le capitaine Michaud.

PRIN. Né à Paris.

46 *bis*. Portrait d'homme en robe de chambre. A Mme Jondral.

RIGAUD (HYACINTHE).

47. Portrait de Louis XIV. (Copie d'après Rigaud).

48. Portrait de Mme de Maintenon. (Copie d'après Rigaud). A M. Masbrenier.

ROBY, instituteur à Bénévent.

49. Jeune fille en costume italien, tenant un tambour de basque.

50. Paysage, d'après l'abbé Périgaud. (Copie). A l'auteur.

RUBENS (Pierre-Paul). Ecole flamande.

51. Copie ancienne de la descente de croix d'Anvers. A Mme Largey.

51 *bis*. Groupe d'un jeune homme et d'une jeune femme. (Copie). A M. le général Renauld.

TITIEN.

51 *ter*. Le Christ porté au tombeau. (Copie réduite d'après l'original du Louvre. A la confrérie des Pénitents noirs.

VERNET (Horace).

52. Soldat enterrant un officier mort après une bataille. (Copie). A M. Bozon.

VERNET (Joseph).

53. Un port pêcheur sur la Méditerranée, avec figures. (Soleil couchant). A M. Monnet.

Anonymes.

54. Paysage avec figures. (Soleil couchant). A M. Dugenest.

55. La Vierge et l'Enfant Jésus, d'après un ancien maître. Ecole française. à Mme veuve Migout.

56. Scène d'intérieur. Ecole flamande. A M. Ranon de La Vergne.

57. Le sommeil d'Endymion. A M. le capitaine Aubry.

58. Amour couronnant Vénus. Peinture sur bois. A M. le capitaine Aubry.

59. La lecture, d'après Téniers. A M. Guillermin.

60. La Pentecôte. Ecole française.

61. Adoration des Mages. Peinture sur cuivre. Ecole d'Italie. A M. Macaire.

62. La résurrection du Christ. (Cuivre). A M. Macaire.

63 Sainte Catherine. (Cuivre). A M. Dugenest.

64. Le baptême du Jourdain. (Cuivre). A M. Macaire.

65. Paysage avec baigneuses sur le premier plan et fabrique dans le fond.

66. Sacrifice d'Iphigénie.

67. Paysage avec chapelle rustique.

68. Jésus au jardin des oliviers. M. Aubry.

SCULPTURE.

DAVID D'ANGERS.

1. Médaillon bronze. Ingres (PICTOR). A M. Polier.

2. Id. Magdalena Chapelle. (Mlle Ingres). A M. Migout.

3. Le général Bonaparte à l'armée d'Italie. Terre cuite. A M. Fillioux.

Anonymes.

4. Groupe de trois enfants jouant avec une panthère. Marbre à M. Vollant.

5. Biscuit représentant une jeune fille tenant un cœur entre les mains. A M. Polier.

6. Biscuit. Bas-relief. Deux mendiants d'après Callot. A M. Vollant.

MINIATURES. GOUACHES ET DESSINS.

A. APPIANI.

Grande miniature représentant Vénus arrachant à l'amour son carquois et ses flèches. Signé : Appiani Pictoris, etc. 1787. A M. Goumet.

Mme DE MIRBEL (LIZINKA-AIMÉE-ZOÉ, RUE), née à Cherbourg.

1. Portrait de femme. A M. Th. de Lavillatte.
2. Portrait de femme. A M. Th. de Lavillatte.

ISABEY PÈRE.

3. Intérieur de son atelier avec son portrait et celui de Karl Vernet. A M. Baudoux.

F. MARTIN, sourd-muet.

4. Portrait d'homme. A M. le général de Solliers.

PASSOT.

5. Portrait de Louis-Napoléon, roi de Hollande, en colonel de dragons. A M. le général de Solliers.
6. Enlèvement d'Europe. (Miniature sur vélin). A M. Bonnafoux.
7. Erigone à M. Bonnafoux.

GOUACHES, AQUARELLES ET DESSINS.

MONGIN (1795).

8. Ambulance dans les Alpes.

9. Bivouac dans les Alpes. A M. Fillioux.

J. BOURGEOIS.

10. Paysage. Entrée de forêt. (Aquarelle). A M. le général Renault.

DESSINS.

RIGAUD (HYACINTHE).

11. Portrait de Bénigne-Bossuet. (Arrêté à la plume et rehaussé de crayon blanc.) A M. Boby de la Chapelle.

LANCRET (Attibué à).

12. Tête de jeune fille aux trois crayons.

CLODION.

13. Offrande à Priape. A Mme Largey.

INGRES (J.-B.).

14. Portrait de femme. Mine de plomb. A M. Migout,

MIGOUT (ALFRED).

15. Le tueur de rats. A M. Migout père.

H. De CALIGNON.

16. Le château de Guéret.

17. L'Eglise du Moutier-d'Ahun. Mine de plomb.

CERAMIQUE.

FAÏENCES : Moustier, Delft et Hollande, Nevers, Rouen, Angoulême, Lunéville, Strasbourg.

PORCELAINES : Chine, Japon, Sèvres, Limoges. Appartenant à MM. A. Bernard, Boby de la Chapelle, Bouchardon, O. Bole, de Cessac, Cheureau, Chérade, Fillioux, Yves F. sneau, Florand, Dissandes-Lavillatte, Goumet, De Lajaumont, L. Laroche, Purat. Sauvanet, Thèvenot.

ENTRE-CROISÉE.

Meuble (Henri IV). A M. Bole.

Grands vases en porcelaine bleue de Limoges, monté en bronze, de forme, dite Médicis; sur la panse de l'un est représentée la bataille de Fleurus, sur l'autre la bataille d'Isly. Ces deux vases ont été offerts au général de Solliers, par la ville de Limoges, en 1851.

Glace de Venise. A M. Louis Laroche.

Glace de Venise. A M. Monnet.

Collection d'objets algériens : Livres arabes, (Koran). Babouches arabes, tapis africains, burnous arabe, médal (chapeau arabe), matraque arabe, panetière de berger arabe, poteries kabyle et marocaines, cuillère touareg, galette arabe. M Jourdan (Pascal).

Poteries et armes kabiles. M. le général Renault.

SALLE N° 2.

ÉPOQUE CELTIQUE.

AGE DE LA PIERRE.

1. Nucleus de couteau. Du Grand-Pressigny.
   Eclats de silex. Idem.
2. Eclats de silex. De Coussay-les-Bois.
3. Eclats de silex. De Vellèche.
4. Eclats de silex. D'Oyré.
5. Eclats de silex. De Chanteau. Dr Chaussat.
6. Bout de lance. D'Issoudun. Docteur Chaussat.
7. Hache en silex, taillée par éclats. Périgueux. M. Dugenest.
8. Eclat de silex. Maupuy, prés Guéret. M. Bonnafoux.
9. Bout de flèche en amande. Saint-Georges-Nigremont. M. Dugenest.
10. Hache en silex. Corent (Puy-de-Dôme). M. Bonnafoux.
11. Hache en silex. Corent (Puy-de-Dôme). M. Bonnafoux.
12. Hache en jadéite. M. Dugenest.
13. Hache en amphibolite. Mouchetard. M. Bonnafoux.
14. Hache en grès. Grand-Bourg. M. Bonnafoux.
15. Hache en amphibolite. Glénic. M. Bonnafoux.

16. Hache en schiste. L'Age, près Guéret. M. Bonnafoux.

17. Hache en granulite. Corbenier, près Guéret. M. Dugenest.

18. Hache en jadéite. Nizerolles, près Ars. M. Dugenest.

19. Hache en jade. La Chaumette, près Saint-Alpinien. M. Dugenest.

20. Hache en jade. Puy-Boube, près Saint-Alpinien. M. Dugenest.

21. Hache en pierre de touche. Puy-de-Gaudy, près Guéret. M. Dugenest.

22. Hache en granulite. M. Dugenest.

23. Hache en grès. Corbenier, près Guéret. M. Dugenest.

24. Hache en granulite. Saint-Vaury. M. Dugenest.

25. Hache en jade. Toulx-Sainte-Croix. M. Dugenest.

26. Hache en granulite. M. Dugenest.

27. Hache en silex. Chanteau. Docteur Chaussat.

28. Idem. Idem. Idem.

29. Hache en amphibolite. Chantemille, près Ahun. Docteur Chaussat.

30. Débris d'une fabrique de silex. Saint-Georges-Nigremont. Docteur Chaussat.

31. Hache de pierre. Océanie. M. Dugenest.

AGE DU BRONZE.

33. Hache en bronze. M. Dugenest.

34. Hache en bronze. M. Dugenest.

35. Idem. Idem.

36. Hache en bronze à douille creuse. Seine-et-Oise. M. Dugenest.

37. Hache en bronze. Forêt de Dun (Creuse). Madame Parelon.

ÉPOQUE ROMAINE.

38. Buste d'Octave en marbre. Philippeville (Algérie. M. Du Contant.

39. Buste de Marc-Aurèle. Philippeville. M. Du-Contant.

40. Daphnée, statuette en bronze. Philippeville. M. Du Contant.

41. Apollon, statuette en bronze. La Charité (Nièvre). M. De Cessac.

42. Carton comprenant différents objets en bronze et en ivoire, trouvés à Hyppone (Algérie). M. Aubry.

42 *bis*. Vase romain avec anse sculptée en bronze. M. Aubry.

43. Lampe romaine en porphyre vert. Hyppone. M. Aubry.

44. Six lampes sépulcrales en terre. Hyppone. M. Aubry.

45. Trois assiettes en terre jaunâtre. Guelma (Algérie). M. Aubry.

46. Biberon en terre jaune. Guelma. M. Aubry.

47. Patère avec dessins en relief, en terre campanienne. Bône (Algérie). M. Aubry.

48. Cinq petits vases de différents modèles. Algérie. M. Aubry.

49. Godet de peintre en terre vernissée. Bône. M. Aubry.

50. Fragment de torse en marbre blanc. Midaure (Algérie). M. Aubry.

51. Bas-relief en marbre, symbole du christianisme. Algérie. M. Aubry.

51 *bis*. Torques. Décoration byzantine. M. Aubry.

52. Vase en verre irisé. Bône (Algérie). M. Aubry.

53. Quatre petites fioles à parfums, en verre. Algérie. M. Aubry.

54. Parazonium (épée rommaiue). Blois. M. Dugenest.

ÉPOQUE GALLO-ROMAINE.

55. Tasse votive en bronze. Evaux. M. Dugenest.

56. Style en bronze. M. Dugenest.

57. Terme en bronze. M. Dugenest.

58. Chaîne en bronze à cinq anneaux. Pontarion. M. Dugenest.

59. Buste d'affranchi, couvert de son pileolus, en bronze. Chanteau. Docteur Chaussat.

60. Hercule gaulois en bronze, avec la peau du lion de Némée. Côte-d'Or. M. Aubry.

61. Déesse gauloise (statuette en bronze. Côte-d'Or. M. Aubry.

62. Statuette de femme en bronze. Côte-d'Or. M. Aubry,

63. Carton de fibules et d'autres objets en bronze, gaulois et mérovingiens. Alise-Sainte-Reine. M. Aubry.

64. Godet en bronze contenant des cendres et une médaille de Gordien III. Alise-Sainte-Reine. M. Aubry.

65. Sept boulets en pierre lancés par la catapulte. Brède, près la Souterraine. M. Fesneau.

66. Deux urnes cinéraires en terre noirâtre avec guillochis. Pontarion. M, Dugenest.

67. Petit vase en terre jaune en forme de pin. Vichy. M. De Cessac.

68. Urne en verre à deux anses. Mèrinchal. Docteur Chaussat.

69. Urne en verre à deux anses. Masforeau. M. Dugenest.

70. Urne en verre à une anse. Vaumoins, près Glénic. M. Dugenest.

71. Urne en verre carrée à une anse. Vaumoins, près Glénic. M. Dugenest.

72. Lécitus en terre jaune. Chanteau. M. Dugenest.

VASES GRECS.

73. Cinq petits vases étrusques de différentes formes (collection Litta, Italie). M. Aubry.

74. Deux vases imitation étrusque. Mme Largey.

ÉPOQUE MÉROVINGIENNE.

75. Carton contenant des fibules mérovingiennes et autres objets. M. Aubry.

76. Plaque de ceinturon en fer incrusté d'argent, pommeau de poignard en bronze, pique mérovingienne, vase contenant une médaille de l'Empereur Tibère au type de l'autel de Lyon (trouvés dans un sarcophage à Binges (Côte-d'Or). Aubry.

MOYEN-AGE.

76 *bis*. Reliquaire formant un toit à deux eaux, avec figure et cabochons. XIme siècle. A l'église de Saint-Domet.

77. Custode avec tête de chérubin, sur fond vert émail. XIIme siècle. A l'église de Saint-Domet.

77 *bis*. Custode avec le monogramme du Christ, sur médaillon fond blanc. XIIme siècle. A l'église de Saint-Sulpice-le-Guérétois.

77 *ter*. Custode carrée avec médaillons gravés et dorés. XIIIme siècle. A l'église de Saint-Domet.

78. Crosse d'abbé, émail incrusté sur fond de cuivre, fragment. XIIIme siècle. Moutier-d'Ahun. M. Dugenest.

78 *bis*. Deux reliquaires à galerie, le premier avec figurine en relief et cabochons ; le deuxième avec médaillon, ange sur fond vert émaillé de blanc. XIme et XIIIme siècle. A l'église de Saint-Vaury.

79. Figurine de style bizantin, détachée d'une châsse. M. Dugenest.

79 *bis*. Flacon carré en verre et petit vase à eau bénite. Auroux (Creuse). Docteur Chaussat.

80. Figurine d'ange, paroi de reliquaire. Docteur Chaussat.

81. Fragments d'une châsse de saint Pardoux, en os et ivoire. M. Dugenest.

82. Coffret en fer à mailles, avec serrure ouvragée à double aubrenière. M. Dugenest.

82 *bis*. Calice avec cabochons émaillés, armes émaillées des Barthon de Montbas sur le pied. XVme siècle. A l'église d'Aubusson.

RENAISSANCE.

EMAUX SUR PLAQUES DE CUIVRE (LIMOGES).

83. Grand médaillon camayeu, sur fond bleu, représentant les têtes de Diane de Poitiers et du Temps conjuguées. M. Dugenest.
84. Anne d'Autriche, portrait historié (elle tient de la main droite un sceptre et de la main gauche une corne d'abondance. M. Dugenest.
85. La Vierge du Rosaire. M. Caillet.
86. Sainte Ursule. M. Caillet.
87. Sainte Barbe, grisaille. M. Dugenest.
88. Le Sauveur du Monde, grisaille. Laudin. Roby.
89. Deux médaillons, grisaille, Galba et Vespasien empereur. M. Dugenest.
90. Coupe à six lobes, représentant saint Jean, grisaille. J. Laudin. M. Dugenest.
91. Les Naïadas jetant Orphée dans l'Ebre, émail sur fond bleu. M. Goumet.
92. Saint Antoine, grisaille. M. Grateyrolle.
93. Reliquaire avec incrustation de médaillons d'argent, tige à nœuds en cristal de roche. Eglise de Saint-Goussaud.
94. Sainte Marguerite. J. Laudin. M. Dugenest.
95. Saint Thomas d'Aquin. J. Laudin. M. Dugenest.
96. Saint Simon. Noualllier. M. Dugenest.
97. Enfant Jésus apparaissant à saint Louis dans l'Eucharistie. M. Dugenest.

98. La Vierge et l'Enfant Jésus. Nouallier. M. Dugenest.

99. Sainte Catherine de Sienne et saint François Xavier (deux pendants). M. Bonnafoux.

99 *bis*. Saint Jean. J. Laudin. M. Goumet.
La Conception. J. Laudin. M. Goumet.

COFFRETS DE FER.

99 *ter*. Coffret de fer orné. M. Dugenest.

100. Coffret en fer sculpté, avec deux médaillons Lutter et Melington. M. Dugenest.

101 *bis*. Ecran en bois sculpté.

102. Deux émaux, *Salvator Mundi, Mater Dei*. Pendants. Nouaillier. Grateyrolle.

103. Saint François de Salles. Nouaillier. M. Grateyrolle.

104. Sainte Geneviève. Nouaillier. M. De Cessac.

105. Quinze plaques de chapelets, deux dessus de coffrets. M. Dugenest.

106. Saint Augustin. J. Laudin. M. Masbrenier.

107. *Salvator Mundi et Mater Dei*. Laudin. M. Dugenest.

108. Sainte Agnès. N. Laudin. M. Dugenest.

109. Deux médailles. Un abbé et une abbesse. Mme veuve Petit.

110. Deux médaillons encadrés. Mme veuve Petit.

Supplément.

1. La Sainte Famille, grisaille. Président Dissande-Lavillatte.

2. Saint Jean dans le désert. Nouaillier. Au même.
3. Saint Augustin. Au même.
4. Saint Alexis (dégradé sur le côté gauche). Au même.
5. Sainte Lucie. Au même.
6. Montre princière richement décorée de ciselures en or vert encadrant des roses : sur le le boitier émail camayeu sur fond bleu, Louis XV. M. Goumet.

OBJETS DIVERS.

111. Hache d'armes en fer, ornée d'animaux, champlevé et incrustation d'or. Aubry.
112. Réveil. M. Bernard.
113. Portrait en palissandre monté en cuivre garni. M. Labrune.
114. Biscayen trouvé au château de Guéret M. Callier.
115. Râpe à tabac, bois sculpté à quatre écussons. M. De Cessac.
116. Râpe à tabac, bois sculpté avec la devise · *amat et audet*. M. Dugenest.
117. Râpe à tabac en os s ulpté, a ec sujet à personnages. M. Dugenest.
117*bis*. Râpe à tabac en bois (le biroux des paysans de la Creuse). M. Dugenets.

118. Bas-relief en ivoire (actions de grâces à Esculape). Reproduction d'un bas-relief latin. Docteur Chaussat.

119. Boîte à fiches en ivoire (sujet mytologique). M. Dugenest.

120. Boîte en ivoire (l'amour forgeron). M. Bouchardon.

121. Boîte forme gondole en ivoire. M. Dugenest.

122. Christ en ivoire. Mme Largey.

123. Christ en ivoire. Mme Bonnet.

124. Christ en ivoire sur velours. M. Bouchardon.

125. Grande croix plaquée de nacre avec croisillons et médaillons. M. Dugenest.

126. Pendule Louis XV en cuivre Dr Chaussat.

127. Nécessaire Louis XV en paille. Mme Courty.

128. Nécessaire Louis XV en paille. M. Pinet, de Châtelus.

129. Hanap en cuivre argenté, forme Renaissance. M. Rousseau.

130. Reliquaire en bois (chaire de Saint François de Salles). église de Bénévent.

131. Raclette en fer. Cure de Saint-Vaury.

132. Babouches brochées, soie, or et argent, et foulards orientaux. M. Monnet.

133. Cep de vigne en forme de croix et guirlande de fleurs en ivoire. M. Aubry.

134. Saint Sébastien (corail sculpté). Mme Largey.

135. Deux cadres, sujets religieux de l'église grecque (bois sculpté, sur glace). M. Macé.

136. Patère en bronze, sujet héroïque (imitation) Docteur Chaussat.
137. Une rosace en bois sculpté. Docteur Chaussat.
138. Deux médaillons en fonte, Henri IV. M. Macé.
139. Un médaillon en fonte, Saint Paul. Dr Chaussat.
140. Bas-relief en fonte, Sainte Magdeleine. M. Macé.
141. Médaillon en terre cuite (Gramont, graveur du Roy). M. Macé.
142. Médaillon en terre cuite, portrait de femme. M. Macé.
143. Miroir ovale, encadrement métallique (style
144. Médaillon en plâtre, portrait d'homme. Truphème. M. Gautier.
145. Médaillon biscuit. Portrait de l'Empereur Napoléon III. M. Macé.
146. Les Dieux de l'Olympe. Bas-relief métallique. J. Ferrarius, d'après Appiani. M. Aubry.
147. Une Pitié. Bas-relief en cuivre. M. Macé.
148. Bénitier en cuivre, style renaissance. M. Finet.
149. Narguillé de Beyrouth. M. Fabre.
150. Théière en argent, genre Louis XV. M. Duplantadis.
151. Théière en argent, genre Louis XV, plus petite que la précédente. M. Duplantadis.
152. Groupe en terre cuite (chûte d'un âne, personnages). M. de Cessac.
153. Chapelet oriental. M. Monnet.
154. Pied d'alouette en émail. Mme Alfred Migout.

155. Granb plat en fonte. Bas-relief à sujet mythologique. M. Cune.

156. Deux Ecuelles en étain avec ornements. M. Chérade.

157. Grand vase monumental donné par la Compagnie des Indes à M. D'Astier (1772). M. de Fournoux.

158. Petite soupière en argent, surmontée d'une levrette. M. Bernheim.

159. Sucrier en argent, à jour, surmonté d'un perroquet. M. de Fournoux.

160. Montre en cuivre avec chaine en boyaux. M. Goumet.

161. Evêque en bronze, statuette. M. Dugenest.

162. Briquet, pistolet. Dr Chaussat.

163. Divinité indienne en cuivre, sur piédestal. M. Louis Laroche.

164. Trépied indien, partie inférieure. M. De Cessac.

165. Pénélope, statuette en bronze argenté. Pradier. M. Vollant.

166. Triptique en bois peint, style flamboyant, par M. Alfred Migout. Mme Alfred Migout.

167. Gravure ancienne dans un encadrement gothique, sculptée par M. Alfred Migout. Mme Alfred Migout.

168. Athos en bronze, statuette. M. Aubry.

169. Casse-tête océanien. M. Montaudon.

COLLECTION FESNEAU (YVES).

1. Nucleus, haches de pierre, haches de bronze, fragments de poterie, vases de terre Campana, tête antique en marbre, style à écrire, lampes de bronze et de cuivre, rouelles, fibules, médailles, boulets en bois.
2. Médailles romaines et autres, médaillons en terre et en fonte, miniatures.
3. Armes anciennes, clefs, cachets, statue en cuivre, boulet en bois avec armature de plomb.
4. Fibule, bracelet, anneau, médaillons et médailles antiques, livres (éditions anciennes).

ARMES.

Panoplie composée d'armes françaises, étrangères et orientales, à MM. le général Renaud, Répécaud, Roudaire-Ducontant, Jorand, etc., etc.

SALLE N° 3.

(MUSÉE.)

1re armoire : Collection Campana (vases étrusques et romains).

2e : Epoque celtique. Brèches avec silex taillés des Ayzies. Haches en pierre (Creuse).

3e : Sépultures gallo-romaines. Urnes en verre et en terre. Vases à divers usages.

4e : Coupes en terre Samienne avec dessins en relief (Creuse). Vases en bronze et en terre provenant des puits de la Creuse. Statuette et lampe en bronze (Colondannes, 1868). Grand vase et divers fragments de poteries antiques de la Creuse. Amphore de Gergovia.

5e : Débris romains découverts à diverses époques dans les Termes d'Evaux (Creuse).

6e : Armes et ustensiles en fer. Pliant en fer trouvé avec diverses sépultures romaines dans la Creuse. Fresques de Brède (Creuse). Briques de diverses localités du département.

7e : Châsses, reliquaires, croix, custodes, etc. Bas-reliefs. Statues et vases de l'époque chrétienne.

8e : Coffrets en os, en fer, en bois, de diverses époques.

9e, 10e, 11e : Faïences. Porcelaines. Biscuits. Terres cuites de diverses écoles et fabriques.

12e : Bronzes. Emaux en relief. Terres cuites, etc., de l'époque moderne. Verroteries de Venise et de France.

VITRINE DANS LA FENÊTRE.

Silex taillés de la Touraine et du Poitou. Fouilles des grottes des Ayzies.

VITRINES DU FOND DE LA SALLE.

1re — Éclats, bouts de flèche, etc, en silex; haches en pierres,

2e — Époque Celtique. — Objets en bronze.

Époque gallo-romaine. — Statuettes en argile, et moulages divers des ateliers de Potiers de l'Allier — Armes avec poignée en bronze

3e — Moyen âge et Renaissance. — Bas-reliefs en cuivre, ivoires etc. — Figurines en cuivre, tryptique, clefs, sceaux etc.

4e — Emaux de Limoges.

MILIEU DE LA SALLE.

5e — Médailles et médaillons modernes.

6e Emaux de divers pays, médailles à béliers, signes distinctifs, drageoirs etc.

7e — Imitations de pierres gravées et camées. — collection d'objets Egyptiens et Assyriens

OBJETS DIVERS.

Aqueducs en briques de la Creuse.

Colonne en marbre d'Evaux.

Torses en granit de Brède et de Saint-Hilaire-les-Bois.

Urnes cinéraires en pierres gallo-romaines.

Moulins à bras.

Mesures en pierres du Moyen âge.

Produits des fouilles des tumulus de la Tour-Sainte-Austrille.

1re grande armoire : panoplies du Moyen âge, de la Renaissance et des Temps modernes.

2e grande armoire : Ethnographie et curiosités de voyage.

Tapisseries des anciennes fabriques d'Aubusson et de Felletin.

Bahut Henri II.

Meuble de Boule. — Cabinet incrusté d'ivoire, fabrique italienne.

Médailles.

Blocs de granite avec inscriptions Gallo-Romaines.

Modèle en plâtre de la Bastille.

Autel en pierre (de Jarnages).

Galerie de tableaux anciens et modernes.

SALLE N° 4.

(MUSÉE.)

Galerie de zoologie créée par les soins de la Société des sciences naturelles et archéologiques.

Elle comprend les mammifères, les oiseaux, les reptiles, les poissons, les insectes, les mollusques et les zoophites. — La classification qui a été adoptée est celle de Georges Cuvier.

SALLE N° 5.

(MUSÉE.)

Galerie de minéralogie et de géologie avec les fossiles.

Collection spéciale du département de la Creuse avec les fossiles végétaux de ses houillères.

COLLECTIONS PARTICULIÈRES.

M. Koffer, lieutenant-trésorier de gendarmerie, à Guéret.

Collection de fossiles provenant des terrains jurassiques de la Lozère.

M. le Docteur Chaussat.

Flore fossile du bassin houiller d'Ahun (Creuse).

EXPOSITION FLORALE

(PLACE DU PALAIS DE JUSTICE.)

Nos 1 Orangers.
2 Yuccas.
3 Thuias.
4 Véroniques.
5 Chrysanthèmes frutescents.
6 Petunias à fleurs simples et doubles.
7 Geraniums zonales à fleurs simples.

8 Geraniums zonales à fleurs doubles.
9 Geraniums à grandes fleurs.
10 Geraniums à feuilles panachées.
11 Geraniums à feuilles de lierre.
12 Fuchsias à fleurs simples et doubles.
13 Pensées à grandes fleurs.
14 Phormium-tenax (lin de la Nouvelle-Zélande).
15 Cactus.
16 Fougères.
17 Dracœna indivisa.
18 Dracœna australis.
19 Agaves.
20 Araucarias.
21 Begonias.
22 Caladium odorum.
23 Caladium esculentum.
24 Caladiums à feuilles panachées.
25 Gloxinias.
26 Coleus.
27 Palmiers.
28 Ficus elastica.
29 Aralia Papyrifera.
30 Cyperus.
31 Achyranthus.
32 Arums.
33 Cannas variées.
34 Aspidistra.
35 Bonapartea-Juncea.
36 Lycopode.
37 Gunera scabra.

Guéret, typ. et lith. Dugenest, rue du Marché, 3.

www.ingramcontent.com/pod-product-compliance
Ingram Content Group UK Ltd.
Pitfield, Milton Keynes, MK11 3LW, UK
UKHW020438180726
13839UKWH00004B/1550